# 釈尊の霊言

「情欲」と
悟りへの修行

大川隆法
Ryuho Okawa

# まえがき

ここ十年ほどの公開霊言の節目に、千回目として『釈尊の霊言』を出すこととした。とは言っても、簡単に言うと、私自身の守護霊霊言である。

その人が宗教的人格かどうかを見分ける初歩的なテストが、十代後半から、二十代の性欲が盛んな際に、どう生きるかを見ることだ。木の葉舟《こはぶね》のように欲望や欲望の奔流《ほんりゅう》に翻弄《ほんろう》され、それを個性的で自由に生きていると思っている人は、凡人か、凡人以下か、俗物的野心家《ぞくぶつてきやしんか》であることがほとんどであろう。

なかには、泥沼の中から、三十代、四十代で抜け出して聖人の道を歩む人もいるが、百人に一人、千人に一人も難しかろう。二十代の私を見て、「宗教的人格だ」と見抜いた宗教文化の根付いた外国人は少しはいたが、日本人の多くからは「何を考えているか、さっぱり分からない。」とよく言われたものだ。今時、「真理を求めて生きている人」が存在していること自体、「UMA《ユーマ》」（未確認生物）と出会うようなものなのかもしれない。

二〇二〇年　二月四日

幸福《こうふく》の科学《かがく》グループ創始者兼総裁《そうししゃけんそうさい》　大川隆法《おおかわりゅうほう》

# 釈尊の霊言　目次

# 釈尊《しゃくそん》の霊言《れいげん》

## ―「情欲」と悟《さと》りへの修行《しゅぎょう》―

二〇一九年十二月二十五日　収録
幸福の科学 特別説法堂《せっぽうどう》にて

## Q1　異性経験の多さが魂に与《あた》える影響《えいきょう》とは　27

「霊言《れいげん》現象」とは、あの世の霊存在の言葉を語り下ろす現象のことをいう。これは高度な悟《さと》りを開いた者に特有のものであり、「霊媒《れいばい》現象」（トランス状態になって意識を失い、霊が一方的にしゃべる現象）とは異なる。外国人霊の霊言の場合には、霊言現象を行う者の言語中枢《ちゅうすう》から、必要な言葉を選び出し、日本語で語ることも可能である。

なお、「霊言」は、あくまでも霊人《れいじん》の意見であり、幸福の科学グループとしての見解と矛盾《むじゅん》する内容を含《ふく》む場合がある点、付記しておきたい。

# 釈尊《しゃくそん》の霊言《れいげん》

## ――「情欲」と悟《さと》りへの修行《しゅぎょう》――

二〇一九年十二月二十五日　収録

幸福の科学　特別説法堂《せっぽうどう》にて

## 釈尊《しゃくそん》（ゴータマ・シッダールタ）

約二千五、六百年前に、現在のネパールで生まれた仏教の開祖。当時、その周辺地域のカピラヴァスツを治めていた、釈迦《しゃか》族のシュッドーダナ王（浄飯《じょうぼん》王《のう》）とマーヤー夫人《ぶにん》（摩耶夫人《まやぶにん》）の子として生まれる。王子として育てられるも、道を求めて二十九歳《さい》で出家《しゅっけ》し、三十五歳で大悟《たいご》。鹿野苑《ろくやおん》で最初の説法《せっぽう》（初転法輪《しょてんぼうりん》）を行《おこな》って以降、八十歳で入滅《にゅうめつ》するまでインド各地で法を説き続けた。その後、仏教は世界宗教となる。「釈迦牟尼世尊《しゃかむにせそん》（『釈迦族の偉大《いだい》な方』の尊称《そんしょう》）」を略して「釈尊」と呼ばれる。

質問者

酒井太守《さかいたいしゅ》（幸福の科学宗務《しゅうむ》本部担当理事長特別補佐《ほさ》）

武田亮《たけだりょう》（幸福の科学副理事長 兼《けん》 宗務本部長）

宇田《うだ》なぎさ（幸福の科学上級理事 兼 宗務本部第二秘書局長）

大川直樹《おおかわなおき》（幸福の科学常務理事 兼 宗務本部第二秘書局担当）

神武桜子《じんむさくらこ》（幸福の科学常務理事 兼 宗務本部第一秘書局長）

干場丈一郎《ほしばじょういちろう》（幸福の科学宗務本部庶務《しょむ》局主任）

林久美子《はやしくみこ》（幸福の科学理事 兼 宗務本部第三秘書局長）

［質問順。役職は収録時点のもの］

# 序　釈尊《しゃくそん》に「情欲と悟《さと》りへの修行《しゅぎょう》」について訊《き》く

## 千回目の公開霊言《れいげん》として「釈尊の霊言」を収録する

司会　幸福の科学グループ創始者 兼《けん》 総裁、大川隆法先生より、記念すべき千回目の霊言《れいげん》・リーディングとなります、「公開霊言一〇〇〇回突破《とっぱ》記念『釈尊《しゃくそん》の霊言』――情欲と悟《さと》りへの修行《しゅぎょう》――」を賜《たまわ》ります。

大川隆法総裁先生、よろしくお願いいたします。

大川隆法　はい。

「公開霊言」というのは、二〇〇九年ごろから発表し始めたものを数えているようですので、「この十年ぐらいで千回目」ということになります。

それ以前にも、霊言はもちろん初期からあり、一九八一年ごろから始まっていますから、実際、霊言の数はもっともっと多いのですけれども、意識して、一九九四年ぐらいで、いったん霊言のほうはやめていたのです。

ところが、しばらくやめていると、「霊能力がなくなったのだ」というようなことを言い、ほかのところで霊言集を出したりする人も出てき始めたので、「これはいけない」と思って再開したわけです。

千回というのは、公開している霊言の、この十年ぐらいでの回数になりますが、非公開霊言も数多くありますので、霊言の総数はそうとうな数になるのではないかと思っています。

これで千回目で、説法《せっぽう》の累計《るいけい》では三千三十七回目、本年（二〇一九年）の説法としては百七十八回目になります。

千回目なので、「できたら、私自身に関係のある者のほうがよかろう」と思い、釈尊を選んでみました。

## 「情欲と悟《さと》りへの修行《しゅぎょう》」は仏教ではメジャーなテーマ

大川隆法　テーマとしては、「情欲と悟《さと》りへの修行《しゅぎょう》」というテーマを取ってみました。

今日は十二月二十五日で昨日《きのう》は二十四日だったので、クリスマスとクリスマス・イブですけれども、クリスマスごろになりますと、どうも男女関係のモヤモヤとした悩《なや》みがいっぱい飛んできたりしますので、「こういう話も、ときどきしないといけないのかな」と思っております。

このテーマは、仏教ではけっこうメジャーなテーマです。というのも、釈尊が悟りを開き、教えを説いた始まりに関係があるからだと思います。自分自身の探究から入っているわけですが、要するに、釈尊の悟りは、「眼《げん》・耳《に》・鼻《び》・舌《ぜっ》・身《しん》・意《い》」という、「六つの煩悩《ぼんのう》の発生源」に関するものなのです。

「眼《げん》」というのは眼《め》です。眼で異性を見て、「好ましいな」と思う。「ああ、あの子はきれいだな」とか、「この人は男前だな」とか思う。眼で恋《こい》をする。

「耳《に》」は耳《みみ》です。声を聞いて、「ああ、あの歌声が美しいから、あの歌手に惚《ほ》れてしまう」というようなこともありますし、めったにいませんが、私のハスキーボイスを聞いて「ああ、素敵《すてき》」と言う人も、千人に一人ぐらいはいます（笑）。そのように、声で「心地《ここち》よい」と思うような方もいるのです。

「鼻《び》」は鼻《はな》です。香《かお》りには香水《こうすい》とかいろいろありますけれども、香りも昔から使われているものであり、「どういう香りを好むか」ということで女性の美《び》醜《しゅう》を感じるようなこともあるのです。

平安時代には、夜、女性のところに貴族の男が通っていました。顔は見えないのですが匂《にお》い袋《ぶくろ》を持っているので、その匂い袋の香りで相手が誰《だれ》かをアイデンティファイ（識別）するのです。そういう時期であり、香りに恋をするようなところがありましたが、「昼間に見て、びっくりした」ということもあったと思います。

『源氏物語《げんじものがたり》』では「末摘花《すえつむはな》の君《きみ》」がそんな人で、昼間に見たら赤鼻でトナカイのようなので、（主人公の光源氏《ひかるげんじ》が）ちょっとびっくりしています。夜だとそれが分からないこともあるわけです。

「舌《ぜつ》」は舌《した》です。舌には、食べ物や飲み物での快感もあります。もちろん、舌を用いて、いろいろな快感を感じる方法もあるかもしれません。

「身《しん》」は身《み》という意味です。これは大まかに言えば、「手触《てざわ》り」「肌《はだ》触り」というようなものでしょうか。「手触りがいい」とか、「肌触りがいい」とか、そういうことはあると思います。こういう「体で感じる触感《しょっかん》」というものがあると思うのです。

「意《い》」は、意図とか意欲とか、そういう意志などのことですけれども、どちらかというと、煩悩的なものであれば、「彼女に会って、心臓がトクンとときめいた」という感じのほうが近いかもしれません。場合によっては、頭で考えて判断している人もいるとは思いますが、そのような「胸のときめき」も、一部、入ってはいると思います。

## 悟《さと》りとは「肉体に宿りながら、魂《たましい》の感覚で生きること」でもある

大川隆法　そういう「眼・耳・鼻・舌・身・意」で男女の問題を感じることも多いのですが、それ自体は本能に基《もと》づくものだろうと思います。「魂《たましい》が肉体に宿っている」とはいっても、肉体に乗っているかぎり、感じるものではあろうと思うのです。

ただ、釈尊は、「本当にそうなのか。それは、おまえの眼が、そう判断しているのではないか。耳の判断ではないか。鼻ではないか。舌ではないか。ある

いは手触りとか、胸が急にときめいたとか、そのようなことではないか。あなた自身の本当の思いなのかどうか、よく考えてみよ」というようなことを言うわけです。

それは、「いろいろな感覚器官から来る反応、その自分の反応の快・不快によって感じるものを、もう少し分析《ぶんせき》的に見て、理性的になれ」というようなところでしょうか。その正反対のこともたくさん言ってはいると思いますけれども、今日は言いません。

そういうところがあったと思いますが、この「霊肉《れいにく》の葛藤《かっとう》」というのは、仏教修行、悟《さと》りへの修行には付きものです。誰もがこれからフリーになることはできません。

肉体を離《はな》れてあの世に還《かえ》ってしまえば、「肉体からの感覚によって判断する」

ということはなくなるわけですけれども、それでも、幽霊《ゆうれい》になって出てくるような人たちの場合は、まだとらわれていることが多いわけです。もう相手に触れなくなっているのに、見た目とか、そういうものにまだ執着《しゅうちゃく》しているのが幽霊たちです。

その「眼・耳・鼻・舌・身・意」から離れて、己《おのれ》の「魂の眼」で見ようとする試みというのは、死んであの世に還り、肉体がなくなったときのように、肉体に迷わされていた自分から自由になることであり、それは、「肉体に宿りながら、死後の本当の魂の感覚でもって生きることができる。それが悟りだ」という考えです。釈尊は、これを教えていたのです。

ただ、現代人にこれを当てはめても、なかなか分かってもらえないところはあると思います。

それから、先ほど言ったように、眼での恋もあれば、香りで恋をするものもありますし、夜、お酒を飲めば、相手が美人に見えてきたりすることだってあります。そういうことで煩悩が高まってくることもあるのです。

そのように、「肉体感覚から判断する心ではない、純粋《じゅんすい》な魂におけるものの見方、考え方」をつかませようとするのが、「釈尊の悟りへの誘導《ゆうどう》の方法」だったわけです。

## 「宗教的人間かどうか」を判定する〝リトマス試験紙〟とは

大川隆法　もちろん、経験的に見れば、精力的なものをよく食べていたりしてエネルギーが余っていれば、異性に対する煩悩も強くなりますから、そういう

〝唯物《ゆいぶつ》的なところ〟もないわけではありません。断食行《だんじきぎょう》はいろいろな宗教にもありますけれども、断食している間に、多少、霊的な感覚が身につくようなところもあるのかなと思うところもあります。

そういうことはありますが、これには、ある意味で、「その人が宗教的人間であるかどうか」を判定するための、簡単な〝リトマス試験紙〟になるところもあります。

「肉体感覚から来る思いを、もう一段高次な自分がコントロールできる」という視点を持っている人は宗教的人格と言えますが、この世的なものに起因する、いろいろな反射的行動、情報に対する行動で動く心を持っている人というのは、「宗教に向いていない、この世的な人」という判断がつきやすいのです。

第一関門として、「宗教的人物、人材、人格であるかどうか」ということは、こういうところでよく分かる面があります。

ですから、宗教的人格の方は、一般《いっぱん》の人から批判的な目で見られたときには、「不自由な人で、縛《しば》りが多くて、戒律《かいりつ》を勝手に設《もう》けて自由ではない」という批判を受けることもあります。

逆に、宗教的人格の方から見れば、その一般人のなかには、「晩ご飯《はん》を食べて、さらにお酒を飲んで、いろいろなものを食べて何千キロカロリーも摂《と》って、そして、夜中まで活発に活動して、何か、自分の人生が見失われているのではないか」というような方もいるかもしれません。正体もなく酔《よ》い潰《つぶ》れていたり、倒《たお》れていたりするような方もいるので、どちらが自由なのかは判断の仕方にもよるかと思います。

今日は、釈尊の霊言を通しまして、この周辺についてのさまざまな質問を受け付けようかと思っておりますので、よろしくお願いします。

司会　それでは、質疑応答形式にて霊言を賜ります。

大川隆法　（合掌《がっしょう》し）ゴータマ・ブッダ、釈尊よ、ゴータマ・ブッダ、釈尊よ、どうぞ降りてきてください。お願いします。

釈尊　はい。

# Q１　異性経験の多さが魂《たましい》に与《あた》える影響《えいきょう》とは

酒井　本日は、まことにありがとうございます。

異性経験の多い人のなかには、異性経験が多いことを「人間的価値が高い」と考える人もいると思います。

例えば、男性として、あるいは女性として魅力《みりょく》があるとか、それによって人間の幅《はば》が培《つちか》われているんだとか、この世的にも賢《かしこ》いというか、知恵《ちえ》があるとか、「それが人間としての価値である」というように考え、逆に、異性経験のない人をバカにしたりする人も見られます。

そのような考えや行いが魂《たましい》に与《あた》える影響《えいきょう》や弊害《へいがい》等があれば、教えていただければ幸いでございます。

## 「情欲の渇《かわ》き」は海水を飲むようなもの

釈尊　まあ、時代的には、やや難しい時代に入っているのかなとは思うんですけどね。

今は、日本人だと、五十歳《さい》で結婚《けっこん》したことのない男性が四人に一人、女性は七人に一人いるとも言われているので、昔より結婚しなくなってきているし、晩婚化も進んでいます。男女共に、三十歳、三十一歳近くになってきていますし、結婚をしない、異性と結婚したくない人も増えてきている。

それと同時に、異性が簡単に手に入る。お金で手に入る場合もあれば、お金を使わずに手に入る場合もございますが、そういうことにより、結婚しないで済む場合もあると思うし、逆に、もう異性に物足りなくなって、同性愛に行く方も増えてきているような傾向《けいこう》があって、このへんは、将来的に混乱のもとになっていくのかなと思います。

日本の少子化問題を考えると、このテーマは〝仏教的に解決する〟と人口が減る可能性があるので、あまり政府としては望ましいことではないのかもしれないとは思いますが、健全な家庭や社会の発展のためには、ある程度のルールというか、ものの考え方を共有しておくことは大事なのではないかと思います。

特に、異性問題というのは、「数多く経験すれば視野が広がって、何でもよく分かるようになる」というようなものでもないところがございます。

まあ、よそ様のことは分かりませんが、イエスも、「こういう情欲の渇《かわ》きというのは、海水を飲むようなもので、海の水を飲んだところで、喉《のど》の渇きは癒《い》やされはしない。その塩分で、ますます喉が渇くだけだ」というようなことを言っていますね。

だから、「異性にのめり込《こ》んでいけばいくほど満足ができなくなって、さらにさらに、どんどん渇きが増していく」というようなところもあるというふうに聞いてはおります。

まあ、一定、何事も、経験することによってしか分からないものもあることは認めますけれども、かといって、そうした「海の塩水を飲んで喉の渇きを癒やそうとしているような人たち」も、夜の巷《ちまた》には徘徊《はいかい》しているのではないかと思いますね。毎晩毎晩、異性を求めて徘徊しているけど、決して満たされることのない方もいるのではないかなと思います。

## 学齢期《がくれいき》に異性遍歴《へんれき》にのめり込《こ》むとどうなるか

釈尊　その感覚の多くは、唯物《ゆいぶつ》的なもののほうに走っているところが多いのではないかと思うんですね。まあ、「動物的に」といいますか、そうした、エネルギー的に余剰《よじょう》があって、どうしても、「恋愛《れんあい》とか、愛とかいうものを通して異性間の気持ちを育《はぐ》もう」という傾向を抜《ぬ》きにしてですね、「即物《そくぶつ》的に相手を手に入れよう」というか、「その気持ちを晴らそう」というような傾向は、よく出てきているのではないかなと思います。

年齢《ねんれい》相応に人間の感覚も違《ちが》ってくるので、必ずしも一緒《いっしょ》には言えないとは思うんですけれども、特に、学齢期の方ですね。小学校、中学校、高校などが中心ですけど。まあ、あと大学も、真面目《まじめ》に勉強するかしないか、人によってもちょっと違いはあるとは思いますけれども。

そうした学齢期の人の場合はですね、あまり異性遍歴《へんれき》にのめり込《こ》んだ場合は、何て言いますか、清純な意味での「すくすくと育つ」ということは、少なくなっていくのではないかなという気はしております。

そして、「ある意味で、本当の、自分が出会うべき相手に会ったときに、その相手から感じる『感銘《かんめい》』とか『感動』とか、その『愛の気持ち』とかいうものが、かなり〝ひなびたもの〟というか〝古びたもの〟になってしまうのではないか。数多くいる、雑多な女性のなかの一人として相手を見て、比較《ひかく》している、品物選びをしているかのような目になっているのではないか」という気持ちもあるんですよね。

同じ人ではあろうけれども、ある意味で、自分の値打ちを下げて、同時に相手の値打ちも下げている面もあろうかと思うので、できれば、一定の成熟年齢といいますか、結婚してもいいぐらいの年齢になるまでの間の修行《しゅぎょう》期間は、純《じゅん》粋《すい》な期間があった人のほうが、心が透明《とうめい》で、美しく、人の心も素直《すなお》に見ることができるのではないかなと思っています。

どんどん性の低年齢化がされていって、小学生で体験するとか、中学生が普通《ふつう》だとかいうようなことが言われているけれども、やはり、これは、うーん……。まあ、小学校や中学校から、「マンガとか映像とかで異性に惹《ひ》かれる」というのも分かるけれども、「実物でないと、もう、もはや異性を体験できない、感じられない」みたいなところまで行くと、ちょっと、あと、結婚までの年齢にだいぶ差がありますので、なかなか、「何かに打ち込んで、本業を成し遂《と》げる」というのは厳しくなるのではないかなというふうには、私は思っています。

## 「社会的責任を負おう」と思う人が出てくることが大事

釈尊　古い考えであろうとは思うが、やはり、「結婚が許されるようなレベル」というのはあるだろうと思うので。

学業がいちおう終わって、職業選択《せんたく》がある程度できて、食べていける目処《めど》が立って、結婚して二人の生活、あるいは子供ができても、何とかやっていける目処が立っている。そのくらいになってから、男性は本気で相手を探すぐらいでよいと思うし、追いかけ回すよりも、結婚してもいいぐらいの自分になったときに、「必然的に、そういう人が現れてくる」のではないかなと思います。

女性も、同じようなことは言えると思うんですよね。

プレイガール化する方も多いかとは思うんですけど、これも、なかなか男性に満足できないで、終わりがない世界で、次から次へと新しい男性を取っ替《か》え引っ替え、まるでチョコレートでもいろいろと食べていくかのように味見して回っていても、結局、落ち着かないし、結婚などになると、長い忍耐《にんたい》と協力関係が必要になるので、そういうものに耐《た》えられなくなってくることは多いのではないかなというふうに思います。

最も心配されるのは、やはり、「性の商品化」というところで、そうした、金銭感覚でしか異性を見ることができなくなるということは、実に悲しいことではあると思いますね。

そうではなくて、できるだけ、「魂のなかにある普遍的な価値」に惹かれ合う、そうした健全な精神の発展があればよいと思います。

また、現代では、結婚できない人も増えているとのことだけれども、まあ、それは、昔から、哲学者《てつがくしゃ》や宗教家、坊《ぼう》さんや尼《あま》さん等は結婚しない方が多いので、一定の率ではいてもいいとは思いますけれども、たいていの場合、「社会的責任とか負担を負いたくないために結婚しない」という方も多いように見えるので。

今、考えとしては薄《うす》れていると思うが、できれば、やはり、「一家を養える、そういう社会的責任を負おう」と思う人が出てくることが大事で、そういうかたちでの結婚をなされることで、子供も増え、国も安定するのではないかと思う。

無責任な方が、無責任なかたちでの恋愛をして、無責任なかたちでの子供などを増やされると、それが、「国や地方公共団体が面倒《めんどう》を見ればいいんだ」ということで、捨てられた子供になって、いろんなところで預かられるというのは、子供もかわいそうですし、あと、両親の愛を受けずに育っていますので、社会人化していくのに、けっこう苦労はなされるだろうと思うんですね。また、犯罪なんかにも惹かれやすい性格になっていくだろうと思うんですね。

まあ、ほんのちょっとした心掛《こころが》けですけれども、ご両親から頂いた体を大事にしながら、「自分の将来を大切に花開かそう」という気持ちを持つことは健全だと思います。

## 「色情霊《しきじょうれい》が憑《つ》いている者同士」が惹《ひ》かれ合うことも多い

釈尊　ですから、先ほど言いましたように、「海水を飲んでも飲んでも、喉の渇きは癒えない」というのと同じで、まあ、恋《こい》多き人はいてもいいとは思うんですけれども、ただ、お酒を毎日飲み続けなければたまらないような状態で、異性を求め続けたりするような感じになりますと、もう霊的《れいてき》な感覚はかなり薄れてくるし、おそらくは、色情《しきじょう》霊といわれるものにも取り憑《つ》かれてくることになると思うので、自分の思いではなくなって、憑いているものの思いで惹《ひ》かれていく。

だから、「色情霊が憑いている者同士が惹かれ合って……」ということも多いのではないかと思います。

そういう人の将来の行く手は明らかで、そういう人たちが集まるところに行くことに、結局なる。これは男女のなかでもそうですが、同性愛のなかでも、やはり、傍《はた》から見ていて、見苦しいというか、なかなか容認できないという感じでの結婚というようなものが続いて、次々と出てくるようだと、そういう人は、そういう人の世界に行くしかないだろうとは思っております。

ですから、私が申し上げたいのは、「人は、それをなすべきときになさねばならないことがあるので、ちゃんとそれに打ち込んで、やるべきことをやって、そして、社会的に大人になる」と。そういう熟した時期が来たら、ふさわしい相手を求めて一緒になることが大事です。

結婚して、何十年もの人生を一緒に生きようとしたら、あまり、毎日とか、あるいは毎週のように相手を変えなければいけないような性格であっては、結婚生活などは、おそらくは続くことはなかろうというふうに思いますので、やはり、一定の「忍耐」や「努力」を、あるいは「持続する心」を持つ方でないと、やっていけないのではないかと思います。

まあ、このへんにおいて、やや教えも足りず、社会的な道徳も減退はしていると思うので、宗教が〝少子化に協力する〟だけではなくて、社会の健全な発展のために役に立てばよいかと思います。

## 周りから祝福される関係で、一緒《いっしょ》になっていけるよう努力を

釈尊　やはり、無限に数が増えていくようであれば、「即物的な考え方を持っ

ている」と思わざるをえないし、言い方を変えれば、「動物的だ」ということだと思います。

だから、本当に「魂から惹かれ合うレベル」になりましたら、まあ、それは、何人も恋することはあろうと思いますけれども、一定、相手に対する尊敬の心を持って、選んで、付き合って、そして、合意を見れば結婚する。あるいは、親のほうの意見もあるかもしれませんけれどもね。そういう、大人の意見なども参考にしながら決めていくということが、大事なのではないかなというふうに思います。

そういう意味で、周りから、「ふしだらだ」とか、「無責任だ」とか言われるようなかたちでの男女交際や、異性との密接な交際は、やはり、そう望ましいとは思っていない。

できれば、周りから祝福される関係で、一緒《いっしょ》になっていけるように努力されるほうがよいと思います。

社会的になかなか受け入れられない人、反社会的な行動を取っている方や、あるいは、組織になじまないで、会社になんか勤められない人、すぐにフリーターになってしまう人、引きこもってしまうような人は、なかなか結婚できないだろうと思います。

でも、それは、やはり努力が要《い》るというふうに思うんですね。結婚することによって、「夫婦《ふうふ》」が、社会の最低単位にまずなっていくので。

特に、女性の側が軽くなっていることが、今、ちょっと問題だと私は思っているので。やはり、子供を育てるに足るような相手と環境《かんきょう》を求めるべきだというふうに思ってはおります。

まあ、西洋化する流れのなかで、いろいろと難しくはなっているとは思うけれども、私としては、「もうちょっと純粋であってもよいのではないか」と思います。

アメリカ映画などでは、結婚するつもりで同棲《どうせい》している人が、それぞれに、「別の相手、結婚の相手はもっとほかにいるんじゃないか」と探しているというようなものが出てきたりするようですけれども、もうちょっと、何と言いますかねえ、うーん……。「熟慮《じゅくりょ》」していただきたいなあと思うところがございます。

まあ、こんなところです。古いので、考えも古いと思いますが、そういうふうに考えています。

## Q2　行きすぎた情欲への対処法

武田　本日は、まことにありがとうございます。

私からは、「情欲への対処法」についてお伺《うかが》いしたいと思います。

情欲が悪《あ》しき傾向《けいこう》性にまでなってしまい、ただいまのお話にもございましたが、例えば、自由恋愛《れんあい》で、「相手の合意があれば、他人《たにん》に迷惑《めいわく》をかけていないわけで、性的行為《こうい》を重ねて何が悪いんだ」というように開き直っている人もいます。そのような人のなかには、色情霊《しきじょうれい》の憑依《ひょうい》を受けている場合もあると思うのです。

情欲をプラスに転じ、自分の向上のほうに持っていく、「煩悩即菩提《ぼんのうそくぼだい》」という教えもございますけれども、煩悩にまみれてしまっている人に対して、何か導きのお言葉を頂ければ幸いでございます。よろしくお願いいたします。

## 結婚《けっこん》には「人間としての一定の成熟」が求められる

釈尊　先ほどの話もございましたけれども、結婚《けっこん》の制度というのは、ある意味で、お互《たが》いにですね、「相手にふさわしい人間になるように、自分を高めなければいけない」という前提があって、成り立っている制度なんですよね。

特に、男性の側は、歴史的にはそうでしたね。「収入のない男性には娘《むすめ》はやれない」と親が考えるのは当然のことだし、「将来性がない男も駄目《だめ》だ」と言

●煩悩即菩提　「悟りの芽は、煩悩という、悩みや苦しみ、惑《まど》いのなかにある。そこから悟りが得られるのだ」という大乗《だいじょう》仏教の教え。

うし、不良、非行の男なんかは駄目ですよね。

それから、逆に、男性側のほうから見れば、親から見ても、女性のほうが非常に身持ちが悪いとか、プレイガールとか、噂《うわさ》が絶えないタイプの人等を（妻に）持ちますと、やはり、家庭が安定しないですね。そういうことがあります。

まあ、そういう社会にはなってきているのかもしれないと思いますが、「人間としての一定の成熟を要求しているのが結婚制度だ」というふうに思わねばならないと思うし。仏教式、仏式で結婚する方もいらっしゃいますけれども、数は少ないですね。キリスト教とか、ほかの宗教で結婚式を挙《あ》げられる人の場合も、いちおう「神の下《もと》の結婚」で、基本的には、「死が二人を分かつまで一緒《いっしょ》にいるというつもりで結婚せよ」という気持ちではありますわね。

まあ、いろんな事情があって、いかなくなることもありますけどね。そういうところは、あるのではないかなと思っています。

## お互《たが》いに「尊敬の念」を持ち、魂《たましい》で恋《こい》をしてほしい

釈尊　ですから、うーん……、そうですねえ……。ちょっと、ゲーム感覚で恋愛を楽しむタイプの方の場合、確かに、この世的に頭がよくて、上手にいろんな障害物を乗り越《こ》えて、人の批判を乗り越えて、仕事も適度にこなしながらやっていくような方もいらっしゃるのだろうとは思いますけれども。

まあ、私などの古典的な人間から見ると、やはり、裏を見せ、表を見せて、堂々と通用する人間として、男女共にですね、相手に見えない部分を隠《かく》しながら近づいていくよりは、ちゃんと正々堂々と、「こういう人間だ」ということ

が分かった上で、付き合い、結婚できる相手を求めることは大事で。

なかには釣《つ》り感覚で、相手をゲットするまでは関心があって興奮するんだけど、ゲットしてしまったら、もう関心がなくなるタイプの方もいますね。逃《に》げる者は追いかける。ただ、こっちに振《ふ》り向いたとたんに、もう飽《あ》きてしまうというタイプの方もいると思うんですが、まあ、こういうのは、「幸福になれない症候群《しょうこうぐん》」の一人だと思うので。

こういう天邪鬼《あまのじゃく》な性格が自分のなかにあることに気がついたら、心して改めたほうがよろしいと思います。そういうことであっては、いつまでたっても幸福になることはないし、幸福な結婚もありえないというふうに思います。

ですから、真摯《しんし》であって、真面目《まじめ》に相手を求めて、相手が心を開いてくれたときには受け入れられるということ。

それまでは、そういうときになっていない場合に、ただ遊びたいだけというのなら、遊びなら遊びとして、非常に浅いレベルでね、友人として付き合うというのは構わないとは思うんですけれども。こう、「子供ができちゃった。しかたない。結婚しようと思っていなかったけど結婚する」というようなことがあまり起きることは、何と言うか、魂《たましい》が宿ってきて、子供として生まれてくる者に対しても非常に侮辱《ぶじょく》的なことだと思うし、〝天の摂理《せつり》を弄《もてあそ》んで〟いるところもあるかなというふうに思います。

だから、私はやはり、男女の間であっても、まあ、男女差はあるかもしれないけれども、お互《たが》いに相手に対して、一定の「尊敬の念」を持てるほうがよろしいかなと思います。そうした「尊敬の念」を持っていることが、家庭に少々の波風が立っても、離《はな》れないでやっていくための力になるのではないかと思います。

相手に対して、「人間としての尊厳《そんげん》」、あるいは、「魂の尊厳」「神の子・仏の子としての尊厳」をまったく感じないで、単なる写真で見た容姿や、立体的に見た容姿や、着る服の好みとか、そんなものだけで見るようであれば、いずれ浅い恋愛であろうというふうに思いますので、やはり、「できれば、魂で恋《こい》をしていただきたいな」という気持ちがあります。

まあ、そういう気持ちにならずに、「やはり、道を求めたい」というような方もいらっしゃることはいらっしゃるので。そういう人はそういう人なので、自分の仕事なり研究なり芸事《げいごと》なり、極《きわ》めるところまでやられたらいいと思います。

## どのような人にも、釣《つ》り合う相手は出てくるもの

釈尊　ただ、不思議なことに、この世の中には、「まさかこういう人には、もう釣《つ》り合う人はいるまいて」と思うような人にも、それなりに釣り合う人が出てくるものなので。まあ、不思議なことですけどね、ええ。

アインシュタイン的な天才が出てきたら、「それに釣り合う女性なんかいないだろう。話ができないし」と思うかもしれないけれども、それでも、やはり、アインシュタインの話し相手になれるような女性は出てくることは出てくるんですよね。「シェークスピアみたいな人間通の方だったら、とてもじゃないけど、お相手できる女性はいない」と思っても、それなりの人は出てくるものな

んですね。

「優秀《ゆうしゅう》すぎて相手が出てこない」とか、「美人すぎて相手が出てこない」とか、「裕福《ゆうふく》すぎて相手が出てこない」とか、いろんな言い方はあろうかとは思うけれども、そういう極端《きょくたん》に突出《とっしゅつ》した条件があるために相手を選びにくいということもあるかと思うけれども、まあ、不思議なもので、そういう人にも一人や二人は、ちゃんと釣り合うような相手が必ず出てくるものなんですね。だから、そのへんは信じられたらよいのではないかと思います。

ただ、その人に重い使命があって、どうしてもそこに辿《たど》り着いてもらわなければならないようなことがあったら、その結婚がそんなに早くはできないということはあるかもしれませんね。

まあ、それは価値観の問題ですので、「何を大事とするか」というようなことだと思います。

それから、そうした天才的な方もいらっしゃるとは思いますが、たいていの方は、そういうふうな天才的な人間かなと思いつつも、社会人になってみると、意外にそれほどではなくて、まあ、「よくいる普通《ふつう》のサラリーマンの群れのなかに、十分、埋没《まいぼつ》されるレベルの人間である」ということを、自分自身、気づくことのほうが多いと思うんですね。

そういうことに気づいたときが、そろそろ、この世的な判断に合わせて身を固めたりするべきときかなと思います。

若いうちは、「何か大きいことをやってやろう」と思って、野心を持ってやっていても、いずれ行き詰《づ》まることはあろうかと思います。そのときに、やはり、自分自身をちゃんと知ることですね。「自分自身を知ることが、相手を知ることにもなる」と思います。どういう人なら自分を支えられるか。自分と組み合わさってうまくいくか。それを決めることができるというふうに思います。とりあえず、「『自分自身がどういう人であるか』ということが固まってこないと、釣り合う相手は決まらない」ということは言えるのではないかと思います。

ですから、「取っ替《か》え引っ替え、相手を探しているうちは、まだまだ結婚なんかできやしない」ということは、ほぼ確実なことだと思いますね。

# Q3　大きな使命や才能を持つ人の結婚《けっこん》について

宇田　本日は尊い機会をありがとうございます。
●「津田梅子《つだうめこ》の霊言《れいげん》」のなかで、「男女が愛し合うことも人生勉強の一つではあるけれども、それよりも大事なものがあり、本業が成らないなら、一生独身でも構わないというぐらいの気持ちでなければならない。相方《あいかた》ができることで、この世に引っ張られるぐらいなら、それを捨てるというぐらいの気持ちも要《い》る」ということもお教えいただいています。
また、釈尊も、すべてを捨てて出家《しゅっけ》されました。

●津田梅子の霊言　『善無畏三蔵《ぜんむいさんぞう》の霊言／津田梅子の霊言―色欲と精進力《しょうじんりょく》』（宗教法人幸福の科学刊　＊三帰誓願者限定）所収。

そこで、「情欲ではなく、大事なものを選び取る。それ以外を捨てる」ということに関し、改めてお教えいただけるとありがたく存じます。

## 自分の結婚《けっこん》を犠牲《ぎせい》にして、天命《てんめい》に一生を捧《ささ》げた人もいる

釈尊　まあ、「天命《てんめい》がいかほどのものか」ということは、各人、持って生まれたものもあることはあるので、難しいと思います。

津田梅子さんのことはご本人に訊《き》かないと、余計なことを私のほうで言うのは難しいのですけれども、明治か江戸《えど》の末期かは、ちょっと、正確には私は存じ上げませんが、最年少でアメリカに留学されて、日本に帰ってきて、津田塾《じゅく》大学を創立された方ですので。その時代に、女性として事業家でもあり、教育

者として教育事業を立ち上げようというような方が、自分の結婚《けっこん》を犠牲《ぎせい》にしてその事業に一生を捧《ささ》げられたというのは、理解ができることではあります。

その時代の価値観、明治ぐらいの価値観であれば、それは、結婚して家庭を持ちながら片手間でできるような仕事ではなかったのではないかと思うし、まあ、今でも、そのくらいの難しさはやっぱりあるのではないでしょうかね。今でも、大学を立ち上げるぐらいの仕事となりましたら、そう簡単ではないので、よほど理解をしてくださるパートナーが出てきた場合は違《ちが》うかもしれませんけれども、まあ、たいていの場合は難しいこともあったと思うので。

今は男女平等の流れのなかに入ってきていますから、チャンスは増えてはおりますが、それ以前の時代においては、女性の多くは、そうとうな自己犠牲を伴《ともな》わなければ、立派な男性がやるような仕事をできなかった時代が長かったことは事実ですよね。

ただ、今、男女平等になったがゆえに、今度は、男性も女性も同じような成功を求める傾向《けいこう》が出てきていて、その意味で、結婚したり、家庭を営《いとな》んだり、それを続けたりすることが困難になってきたり、また、子供のところが邪魔《じゃま》になってきたりするようなことも、増えてはいるのかなというふうに思っています。

## 最後は神仏に全託《ぜんたく》し、今日、自分にできることをする

釈尊　「天命がどの程度のものか」というのは、これは、非常に分かりにくいものですが、うーん……。まあ、時折、人混みから離《はな》れて、心静かに自分の内

を見つめて、自分の内なるうずきがどのくらいまであるかを、やはり考えるべきだと思うんですね。

自分の内なるうずきが、「ああ、どうしても、自分はこういうことをもっとやり進めていかないと納得《なっとく》がいかない」というのなら、やはり、それも一つの道ではあろうかと思うし。一定の壁《かべ》が出てくるときもあるので、まあ、「心が頑《かたく》ななだけだ」と思えば、それを理解することも大事なのではないかと思います。

いずれ、強い使命感を持った方は、価値観の違う方との結婚はかなり厳しいことにはなると思いますので、単なるこの世的な条件だけでは、釣《つ》り合いを取るのは難しいのかなとは思っております。

最後は、神仏に全託《ぜんたく》して、今日、自分ができることをやり続けることも大事かと思います。

そのうちに相手が見つかることもあれば、気がつけば〝人生の秋〟になっている場合もあろうかと思います。やはり、生まれてくる前の人生計画もありますので、他の人が一概《いちがい》に言えることではないだろうとは思いますね。

だから、自分の内なる声に耳を傾《かたむ》ける努力をなされたら、まあ、よいかなあというふうに思います。

「何かの使命感を感じる」というのは、それはそれなりに一つの性《さが》でもあるし、まあ、〝十字架《じゅうじか》〟でもあると思うんですよね。「女性に生まれて大きな才能を持っている」ということは、やはり、それ自体が十字架でもあるので、十字架を背負って生まれてきているようなものですよね。

子供時代に、親から許可されてピアノを弾《ひ》くことを覚える。お稽古事《けいこごと》としては、これは普通《ふつう》にあることでしょうけれども、そのピアノが高じて、コンクールで優勝する、あるいは国際レベルで認められるというような感じになってきたら、やはり、これは普通ではない大きな才能を持っているということでしょうから。その才能の開花することが求められるか、それが行き詰《づ》まって適当なところで家庭を求めるか、まあ、そのへんはあると思いますが、「才能の大きさを見極《みきわ》めること」も大事かなというふうに思います。

ただ、この世にとって何らかの役に立つ仕事で、大きな才能を持っている人であるならば、心が固すぎなければ、必ず理解してくれる方は出てくるものだというふうに、私は思っています。

# Q4　情欲と、個性や多様性の関係について

大川直樹　本日はありがとうございます。質問をさせていただきます。

現代においては、「個性」や「多様性」などが尊ばれるといいますか、注目を浴びている時代と感じております。

そのなかで、「情欲や欲望に忠実なことも、個性であり多様性だ。欲望に打ち克《か》つ人もいるけれども、それはそれで一つの個性だ」と、「個性」や「多様性」といった言葉で、精神修行《しゅぎょう》、霊性《れいせい》の向上というものを片付けられてしまっている気がしております。

そこで、改めまして、「霊性の向上による幸福」「肉体を離《はな》れて心を自由にする感動」など、人生修行を進める上での幸福感というものについてお教えいただければ幸いです。よろしくお願いします。

## 「個人の自由」と「集団生活での調和」の兼《か》ね合いで判断する

釈尊　うーん……。まあ、「個性がある」ということは、悪いことではないんですけどね。この世に人が生まれてくるということは、時代を変え、場合によっては性別も変え、職業も変え、家庭環境《かんきょう》も変えて、新しい個性を得るために生まれてくるので、そうした個性化した方がいろいろ出てくること自体は、悪いことではないと思うんですけれども。

「人間は、個人として生きていく生き物であると同時に、また、集団で生きているものでもある」ということですよね。だから、集団生活をすることも、まあ、特徴《とくちょう》としては持っているものではあるんですね。ここで折り合いをつける必要はあるということです。

「個人としての自己実現、自由さ、奔放《ほんぽう》さ」というものと、例えば、「その人が所属しているもの」があると思うんですよ。会社が一般《いっぱん》的でしょうけど、官公庁みたいなところもあるし、あるいは、農業だったり漁業だったりするかもしれないし、ホテルとか観光業みたいなところもあるかもしれないし、あるいは、バレエ団とかオーケストラみたいなものに所属する方もいると思うんですよね。

まあ、オーケストラなどの例を引けばよく分かるとは思うんですが、そのなかに入っている、バイオリンを弾《ひ》く人から始まって、いろんな楽器を弾く人は、それぞれ、自分の得意な楽器で、自分の好きな演奏のスタイルというのがあるとは思うんですけれども、「ほかの人との組み合わせのなかで、指揮者が思う方向にまとめていかなければいけない。音をつくっていかなければいけない」ということがありますよね。

「個人の自由」と、あるいは「その力量の差」等がそれぞれあるなかで、集団で何らかの楽曲を一つ仕上げていく、一時間なら一時間の曲を仕上げていくには、例えば、オーボエだけが大きな音を出し続けるとか、クラリネットだけが独奏するとかいうことも、許されないことはあろうと思うんです。

そういう意味で、自分自身の個性というのは残ってはいるけれども、それでも、「全体のなかに融合《ゆうごう》していかなければ、作品として成り立たない」ということはありますよね。

それが納得《なっとく》できない人の場合は、もう、一人でやるしか方法はないですよね。楽器奏者としてバイオリンを一人で弾き続ける、歌手として一人で歌い続けることはできても、「ほかの人と一緒《いっしょ》に作品をつくる」ということはできなくなるでしょう。それは同時に、生活の不安定化を招くことをも意味するでしょうね。

だから、個性が強すぎる、あるいは独創性が強すぎるということは、「自分自身で道を切り拓《ひら》きたい」という思いは尊《たっと》ばれるべきではあるけれども、生活においては不安定化を招くこともあるということですね。そうした独立独行のなかには、組織活動ができない不安定さがある。

自分独自の道を行くなかに、個性の強さがあり、天才性が光る場合もあるが、場合によっては、世の中と調和できなくなって、なかなか、社会人適性としては低くなっていく場合もある。

まあ、このへんはどう考えるかですが、やはり、「自分の意欲の強さ」と「周りの人等の意見をどの程度聞くか」という、この兼《か》ね合いによって判断していかねばならないことかなと思います。

その結果については、自分自身の全人生をもって、〝代金〟は支払《しはら》わなければならないということですよね。

## 「感謝の気持ち、報恩《ほうおん》の気持ち」があるかどうか

釈尊　この点は、大川隆法総裁が教えているように、現在の職業というのが変わっていくことはあるけれども、ある一つの仕事をやっているときには、やはり、一生懸命《いっしょうけんめい》、全力でやるべきです。

その職業が次の仕事に変わる場合でも、前職で自分がいっぱいいっぱい頑張《がんば》って努力したことを力にして、次のステップに行けるのならいいけれども、前職の環境とか、あるいは会社の悪口を言ったり、職場の人間の悪口を言ったりして、「そのおかげで自分はうまくいかなかったので独立した」とか、「ほかの会社に移った」とかいうことを言い続ける方は、何度やっても、たぶん、同じようなことを繰《く》り返すことが多いんですよね。

今、たまたまやっている仕事は、仮の仕事である場合もあります。本来の仕事に取りかかる前の準備期間として与《あた》えられている仕事なのかもしれないけれども、そのなかでも、自分のやれることを一生懸命、役割を果たしてやっていくこと、これが大事なのではないかと思います。

個人主義といいますか、「個人は自由じゃないか。自分の人生、どう使おうと自分の勝手ではないか」という言い方はあるだろうと思います。それは十分にありえることだと思います。それも人生の目的の一つではありますから。

ただ、そのときに、やはり、「その人が周りに対して感謝の念を持っているかどうか。自分が置かれた環境、あるいは育てられた環境、それから、仕事を一緒にやってくれた人たちに対して、感謝の思いを持っているかどうか」を点検することは大事だと思うんですよね。

「いろいろと育てていただいてありがたい。教育していただいてありがたい」、あるいは、「みんなもこういう仕事を一緒にやってくれてありがたい。未熟な自分ではあったけれども、お世話になって。でも、次はこういう仕事をしたい」というふうな感じの方で、次の仕事のステップに移行しても、前にいた職場や同僚《どうりょう》やお世話になった方への感謝の思いを持ってやれるような方の場合は、次の仕事でも成功する可能性は非常に高いとは思いますが、ほかの人の悪口を言い、環境を悪く言って、「だから、飛び出してやるんだ」というようなタイプの方は、どこに行っても満足できないで、不平分子として生きていくタイプの方が多いように思います。

だから、一つのポイントですね。「個人主義で何が悪い」という感じのものの考え方をする人の判断の基準の一つとして、やはり、「その人に感謝の気持ち、報恩《ほうおん》の気持ちみたいなものがあるかどうか」というのを見ることが大事なのではないかと思います。

たとえ、人生のうちの短い期間であったとしても、自分が縁《えん》あって一緒に仕事をした人たちや、会社や職場の方々に、何らかの感謝の気持ち、お返しをしたい気持ちみたいなものを持って、次の仕事に臨《のぞ》んでいくようなタイプであれば、だんだんだんだんに、大きくなっていくであろうと思います。

不満なので次々と辞《や》めて転職していくような人の場合は、だんだんだんだん、最初のころよりも、職場環境も悪くなり、自分の待遇《たいぐう》も悪くなって、人生の道《みち》筋《すじ》が見えなくなってくることが多いと思います。

幸福の科学の基本的な教えでも、「人のせい、環境のせいにするな」という教えもあります。まあ、それは、そういうものもないわけではないですけれども、やはり、そこで歯を食いしばって努力している人は、みんなが認めてくるものですよね。

だから、両親がいても片親になる、あるいは会社が潰《つぶ》れるとかですね、いろんなことはあるとは思うんですけれども、本当に世の中が求めている人は……。

「十分な環境さえ整えば自分はできたのに、それがなかったからできなかったんだ」というような言い訳をするタイプの人間は、そんなに欲《ほ》しくはない。

「自分がいるところに、自分が働きやすい環境が自然とできてくるんだ」と、「自然と周りが、仕事ができて、一緒にやっていけるようになるんだ」と、そういう気持ちを持った人は、やはり、成功していくだろうと思います。

「個人の自由で何が悪いか」と言う人に対しては、「感謝・報恩の気持ち」があるかどうか。もし、それなくして、それを主張するのならば、わがままだというだけのことですので。

わがままな方というのは、一般的に、どこへ行っても嫌《きら》われます。他人《ひと》の協力を得ることができず、他人の人生の一部を食い潰しながら生きていくことになりますので、大成することはなかなか厳しいかなというふうに思います。

# Q５　ハニートラップにかからないための方法とは

神武　日々のご指導、まことにありがとうございます。また、貴重な機会を賜《たまわ》り、心より感謝申し上げます。

世の中には、自分が何かを得るために情欲を利用する人もいます。例えば、ハニートラップを仕掛《しか》けたり、ハニートラップにかかってしまったりする人もいると思いますけれども、「自《みずか》らがハニートラップをかけるような心境にならないための防波堤《ぼうはてい》」のようなものや、逆に「ハニートラップに引っ掛からないように、それを見破る方法」等がございましたら、お教えいただければ幸いです。

## 釈尊の出家《しゅっけ》を阻止《そし》しようと四人の妻を娶《めと》らせた父王

釈尊　まあ、経験がないので、よく分からないのですけれども（苦笑）。うーん、どういうことなんでしょうかねえ。

ハニートラップという意味は、私にはよく分からないですが、王子として生まれて育った段階では、生まれる前にアシタ仙人《せんにん》という方が、「この人は、転《てん》輪聖王《りんじょうおう》となって世界に君臨するような王様になるか、それとも大宗教家・救世主になるか、どちらかだ」ということを父王に予言されました。

それで、当時は一人っ子でしたので、父王は……、これはハニートラップとは言えないかもしれませんが（苦笑）、何とかして出家《しゅっけ》されないようにしようと思って、もう十代の前半から妻を娶《めと》らせたりして。まあ、ほとんどまだ子供の状態ですけど、四人ぐらいの妻を娶らせたというふうに思います。

ハニートラップかどうか知りませんが、「このくらい妻がいたら、みんなの〝引力〟で出家ができまいて」ということで、「跡継《あとつ》ぎにならざるをえないだろう」というような、そういう経験は私にはございます。

ただ、性格はどちらかというと、うーん……、物思いに耽《ふけ》るタイプの性格ではあったので。少年時代から、木陰《こかげ》の下で瞑想《めいそう》するようなタイプの人間であって、考えを深めていくタイプの人間だったので。いちおう、父親が考えるような、この世的な繁栄《はんえい》だけで満足できるタイプではなくて、「自分には何か大きな道があるんだ」ということは分かっていたけど、「それをどういうふうなかたちで実現していくか」というようなことを考えていた時期が多かったですね。

だから、妻ももらいましたが、跡継ぎの子供ができた段階で出家してしまったという状況《じょうきょう》で。これがハニートラップと言えるのかどうかは私には分かりませんが、普通《ふつう》は、うーん……、まあ、親（父王）としては、そういう気持ちは多少あったのかもしれません。

## 「協力者としての異性」が現れてくる場合もある

釈尊　ちょっと質問が特殊《とくしゅ》でございますので、十分なお答えができないんですが、もうちょっと一般《いっぱん》化した話なのかもしれません。「女性として、男性をトリモチのようにくっつけてつかまえる」というようなことなのかもしれないし、「男性が、女性を何かで引っ張って釣《つ》ってつかまえる」というようなことを意味しておられるのかなあとは思いますが、「それに引っ掛からない法」「引っ掛かったらどうしたらいいか」というようなことは、まあ、非常に経験不足で、いわく言いがたいところはあるんですけれども。

たぶん、何か「志《こころざし》」があって、その「大志」を実現しようと強く思って努力している人の場合は、障害になるようなタイプの女性というのが立ちはだかろうとしても、弾《はじ》いてしまうんじゃないかなと、基本的には思います。

まあ、女性でも男性でも同じですけどね。女性でも、一途《いちず》に何か目標があるような人の場合は、やはり、ちょっと、そういうところはあるんじゃないでしょうか。

例えば、女性でも、「医者になりたい。女医さんになりたい」とかいうような目標がある女性であれば、「医学部を受験して、医学部で勉強して国家試験に通るまでは、そんな、男性どころではない」とかいう気持ちはあると思うし。「弁護士になりたい」とか思っているような方もいらっしゃると思うし。いろいろと、「女社長をやりたい」というような方もいらっしゃると思うんですけどね。

そうした志の固さと強さで、単なる邪魔《じゃま》にしかならないようなものは、砕氷《さいひょう》船《せん》で氷を割っていくように押《お》しのけていけるんじゃないかと思いますね。

逆に、そういう人の場合は、ハニートラップではなくて、「協力者としての異性」が現れてくることはあると思うんです。

例えば、女社長をやって、「独身でもいい」と思ってやっていてもですね、その人をすごく気に入って、「何とか成功させてやりたいな」と思う男性だって、出てくることは出てくると思うので、理解のある男性がそれを支えるということだってあるかもしれませんね。
例えば、女優さんみたいな人だったら、なかなか結婚《けっこん》しにくいと思うんです
よ。人気はあって、大勢の男性から憧《あこが》れられて、何万、何十万の方から憧れを
持たれると思うけど、結婚されると、やはり仕事に支障が出るし、事務所の側
から見れば商品価値が落ちていくことになるので、なかなか結婚できない。
男性でもそうですよね。男性のグループでやっているような方でも、なかな
か結婚できないで、四十歳《さい》近くになってもなかなかできないようなところもあ
ります。人気が落ちますからね、そういうこともありますけれども。
まあ、それなりの、「協力して、トータルでプラスになるような相手」が出
てくることもありますので、そういう気持ちを持っておればよいのかなと。協
力して、自分の仕事ができるような方でなければ、「わが道を行く」というの

も、ある程度しかたがないのかなというふうに思います。

## 「年貢《ねんぐ》の納めどき」という考え方

釈尊　あと、「異性につかまったけど、これは、いわゆる罠《わな》のようなものでつかまってしまった。逃《に》げられなくなってしまった」というような設問だったというふうに理解した場合ですね、これはどうするかということですけれども……。

うーん……。例えば、そういうのがよく考えられるのは、「まだ結婚するつもりはなかったけど、子供ができてしまった」みたいな感じのものが、わりあい多いのではないかなと思いますけどね。それは、男でも女でもあることですが。

女優さんでも、事務所は絶対に結婚を認めてくれないので、子供をつくってしまって、「お腹《なか》が大きくなったので結婚します」というような、強行突破《とっぱ》した女優さんとかもいらっしゃることはいらっしゃいますから。まあ、そういう場合もあるし。

男の側から見れば、いろんな女性遊びをしていたんだろうけれども、子供ができてしまったということは、何らかの天上界《てんじょうかい》からのコネクションはあったと見るべきであろうから。昔からの言葉ではあるけれども、「年貢《ねんぐ》の納めどき」という言葉もありますので、そろそろ遊びをやめて、真っ当に働いて、家庭を養うぐらいの責任感はなければいけないという考え方もあろうと思います。

## 結婚《けっこん》は「総合戦・総力戦」でもある

釈尊　いずれにせよ、ハニートラップという言葉はちょっと特殊なので分かりにくいんですけれども、結婚《けっこん》すべき時期かどうか、そういう相手かどうか、あるいは、はめられた罠であったのかどうか等、いろいろ考え方はあろうと思います。

まあ、「どの程度、大人になっているかどうか」、「どの程度、社会的責任を感じているかどうか」、「どの程度、職業設計とかができているかどうか」。いろんなものの総合的判断ですね。

でも、最後は、社会的な責任として判断しなければいけないこともあるし、

「これは、間違《まちが》って肉体的誘惑《ゆうわく》だけで結びついた、目だけの恋《こい》だった」と思うんだったら、やはり、別れるべきは別れなければいけないこともあろうかと思いますね。

このへんが、「人間が賢《かしこ》いか賢くないか」という、そういう智慧《ちえ》の問題ではあるのではないかというふうに思います。

もし、「世界から希望が消えたなら。」を観《み》て、御祖真《みおやまこと》という主人公がハニートラップにかかったというように見ている方がいるとしたら、まあ、そういうところもあるのかもしれませんが、ああいう方の場合は、自分の仕事を一生懸命《いっしょうけんめい》やっている方でございますので、「向こうのほうが好意を持って、自分でもいいと言ってくれて、協力してくれると言うんだったら、もう難しいことは言わない」というような考え方もあったのではないかなと思います。

●「世界から希望が消えたなら。」　2019年10月公開の実写映画。製作総指揮・大川隆法。世界８カ国の映画祭で35の賞を受賞（2020年１月時点）。

まあ、そういう方もいるでしょう。決して男性的でないわけではないんだけれども、仕事に熱中しているあまり、この世的なことにはとても疎《うと》いような方の場合、相手がそれを補完してくれなければ、とてもやっていけないようなこともあるので、片方が強引《ごういん》に決めるようなこともあるかもしれません。それは、天意を感じれば、そういう選択《せんたく》もあるかなというふうには思います。

まあ、就職なども人生の試験ではありますけれども、結婚も、やはりよく言われているような「総合戦・総力戦」でもあるので。「本人たちの才能から、器量から、職業から、収入から、親の関係から、きょうだいの関係、いろんなものまで、全部総動員しての総力戦」ということになります。

結果は、成功も失敗もおそらくあるとは思うんですけれども、それによって、あなたが賢い人間であったかどうかが判定されることになって、苦《にが》い果実を味わった場合は、その苦さを噛《か》みしめた人生を生きなければならないし、思いのほか成功していった場合には、「ただただ、感謝あるのみ」ということになると思います。

## Q6　結婚《けっこん》が仕事にもたらす変化について

干場　本日はありがとうございます。私からは、結婚《けっこん》と仕事の関係について質問させていただきます。

歴史上、権威《けんい》・権力のある者が異性関係によって道を誤り、国を滅《ほろ》ぼしてしまったこともあれば、逆に、現代では「あげまん」の教え等も説かれているように、結婚によってより大きな仕事を成す方もいると思います。

そうした歴史や現状を見るにつけて、少なくとも、異性関係が仕事にもたらす何かがあると思われます。

結婚が認められ、許される時期を見計らっている若い人たちも多いと思いますが、結婚後、その結婚が順調であるか、もしくは、情欲的な面があって破滅《はめつ》の道を行っているのかということを見極《みきわ》める手段として、「結婚が仕事にもたらす思いや心の変化、具体的な事象」などがありましたら、お教えいただければ幸いです。

## まだ結婚《けっこん》するのが難しい人、そろそろ頃合《ころあ》いの人

釈尊　まあ、タイミングの問題はあるかとは思うんですが。

大川総裁も何度か言っているとは思いますが、やはり、結婚《けっこん》しますと、最初は仕事の難しさが二倍、三倍に感じられるのが普通《ふつう》です。今まで自分一人でや

れていたものが、他人《たにん》であった人が同じ家のなかに入ってきて、いつもいる状態になるし、経験したことがない、赤ちゃんというようなものが生まれてきて、一つのファミリーができてくるというのは、男にとっては、確かに、仕事が二、三倍重くなるぐらいの経験はおそらくなされるであろうと思います。

ということであれば、逆に言うと、「仕事のほうに多少、余力・余裕《よゆう》がなければ、やはり結婚はできない」ということでもありましょうね。

だから、仕事がうまくいっていない状況《じょうきょう》や、食い詰《つ》めている状況において結婚するというのは、かなり厳しいことで。ありえるのは、相手のほうに収入があって食べさせてもらうとか、まあ、そんなような〝ヒモ型男性〟とかはありえるかもしれませんけれども。そうではなくて、自分が主たる生計者になるつもりであれば、少し厳しいかなあというふうには思われます。

でも、傍《はた》から見てですね、「もう結婚してもいいぐらいの人じゃないか」「年《ねん》齢《れい》的にも経験的にも、あるいは、仕事や収入から見ても、そろそろいいんじゃないか」「あんまり放置していくと、腐《くさ》ってしまうんじゃないか」というような感じに見えてしまうようなときには、周りから「結婚をしてはどうか」というような声がちょっと聞こえてくるとは思うんですよ。勧《すす》められたり、まあ、いっぱい言われてくると思うんです。そういう、ちょうど頃合《ころあ》いで熟してきた感じになってくると、そういうことを言われるようになってくるので。

まあ、そういう声が聞こえてき始めたら、考えてもいいころかなあと思いますね。

## 自分で道を拓《ひら》き、家族を養えるぐらいにはなること

釈尊　ただ、仕事には、重しはやはりかかりますので、非常に神経質な仕事をしているような場合とかでしたらなかなかだし、技能を今、習得しようとしている途中《とちゅう》とかですと、なかなか厳しいこともあろうかと思います。

あとは、「思い切って要求レベルを下げる」というのもあるかもしれません。まあ、「天才だと思えば凡人《ぼんじん》。凡人だと思えば天才だった」というようなことも世の中あって、なかなか分からないところはあるのです。

ただ、「結婚の相手によって、自分をあげまん風に出世させてくれる」みたいなことをあまり考えすぎるのはどうかなという気が、私にはしてはいますね。

やはり、自分で、ある程度道は拓《ひら》いて、家族を養えるぐらいにはならないと、周りから認められていないうちに欲のほうが強ければ、そういうふうになっていくので。

例えば、格上のタイプの女性とかに惹《ひ》かれて、結婚を迫《せま》ってオッケーを取ったとしても、格上タイプの女性の場合は手がかかりますから、一般《いっぱん》にね。手がかかるので、あなたよりも、もっともっと、例えば、立場も高かったり、収入もあったり、影響力《えいきょうりょく》もあるようなタイプの人のほうが、本当は向こうは望ましいと思っている場合がありますから。

それにもかかわらず、強引《ごういん》に口説き落としたとしても、くすぶっているものは出るかもしれませんから、そういう不釣《ふつ》り合いが明確に出るまでに、「自分自身がどれだけ努力できて、レベルアップできるか」という努力は要《い》るかと思いますね。

まあ、欲がかさんでのものとか、お互《たが》いに誤解し合ってのものとか、いろいろあるだろうと思いますね。

## 女性は「男には成長の幅《はば》がある」ことを知るべき

釈尊　それから、女性の側に言わなければいけないと思うことは、「男には成長の幅《はば》がある」ということを、もうちょっと知らなければいけない。
若いころを見たら頼《たよ》りなく見える人はいっぱいいるし、イケメンでもなく、大した秀才《しゅうさい》にも見えず、外見もパッとしないタイプの男はいっぱいいますけれども、そういう男でも、四十歳《さい》、五十歳になると立派になっていく人は、いっぱいいるんですよ。

逆に言えば、実際に四十歳、五十歳で立派になった男性って、遡《さかのぼ》って二十代を見たら、そんなに大したことはないというか、外から見て、そんなに偉《えら》くなるようなタイプには見えない人が多いんですよね。

この〝男の伸《の》びしろ〟みたいなものが見える人は、やはり、男性から見れば観世音菩薩《かんぜおんぼさつ》みたいな女性ですので、そういう人と結婚したことにより、結果的に「あげまん」になりますわね。そういう人はね、あげまんになっていくので、伸びしろのところを見てくれる人がいればありがたいと思いますね。

現在ただいま、マックスで評価して、〝量《はか》り売り〟しているような感じの女性、現金な女性だと、ちょっと厳しいかなあと。だから、「自分の伸びしろをどの程度に見ているか」ということですね。

それから、女性のほうも、「現在ただいま、女性として、この人はこのくらいの値打ちのものだ」と思っているかもしれないですけど、変わってくることがあるので。

「どういうふうに変化の余地があるかどうか」を見てあげられる男性がいて、現在ただいまは満足していなくても、自分の未来をもうちょっと高めてくれる男性であるならば、女性は、「自分自身の力では限界があるけれども、この人と一緒《いっしょ》になったら、自分がもうちょっと高められる人になるんだな」と思えば、客観的に見てちょっと物足りないかなと思う男性でも、結婚していい場合はあるだろうなと思うんですよね。

## お互《たが》いに高め合えると、天国的な関係が出来上がる

釈尊　大川総裁も、どちらかといえば、傾向《けいこう》的に見れば、若いころから、「自分を高めるタイプの女性」を選ぶ傾向は出ていたようには見えますね。

本人は自己評価として、「女性にはモテないもんだ」と決め込《こ》んでいたんだけれども、実際は勝手に決め込んでいるだけで、いろんな女性からモテていたかもしれないのに、まったく感じていないというか、最初から、もう〝電流が流れない状態〟といいますか。自分の目標としているものをやろうとしているので、女性から憧《あこが》れて見られていたり、好かれていたりしても、まったく感じていないことのほうが多くて、「モテていない」というふうに理解して。

そして、「自分を高めてくれるような女性」だけを見ているから、数がとても少ないということで、ずいぶん長い間、孤独《こどく》の時間を過ごしたように、自分では思っているんだろうと思うんですね。

「ただ、暇潰《ひまつぶ》しに女性と付き合えたらいい」というんだったら、相手はいくらでも、本当はいたんだろうと思うんですが、そういうことで時間を潰すよりは、やはり、「自分を高め、永遠なるものを感じさせるような人となら付き合ってもいいけど、そうでないなら自分づくりの邪魔《じゃま》になる」とだけ考えておられたのではないかなと、私は思いますがね。まあ、傍目《はため》に見ましてね、そういうふうに思うんです。だから、言っていることと実際とは、違《ちが》っている可能性はあるのではないかと思いますね。

こういうことで、ついでに言えば、それぞれ、「男の値打ち」「女の値打ち」

というのもあると思うけれども、それ以外のものとして、何て言うか、「相手を高めることができる能力」というものも、なかなかこの世的には判定しにくいものです。写真を見た顔のよさとか、身長とか、学歴とか、職業とか、収入とかだけでは分からない部分だと思うんですね。

まあ、そういうふうに、相手を高めてくれる、お互《たが》いに高め合える関係になると天国的な関係が出来上がりますので、一方的に片方が自慢《じまん》して、片方が自己卑下《ひげ》になるような関係は、望ましいとは言えないというふうに思いますね。

そのへんの選び方は、十分注意なされたらいいかと思います。

# Q7　異性関係で破滅《はめつ》しないための「人生の智慧《ちえ》」とは

林　人の気持ちを理解したり、思いやったりする心が足りず、人付き合いが苦《にが》手《て》に見える人のなかにも、恋愛《れんあい》にだけは積極的という人がいるように思います。

友人関係や職場などでの人間関係を築いていく上で、すぐに恋愛感情や情欲を持ち込む人と、そうでない人との違《ちが》いの一つに、仏教的には「戒体《かいたい》」というものがあるかと思うのですが、その戒体とはどういうものなのか、改めてお教えいただければと思います。

## 「異性に対して衝動《しょうどう》的に動く人」に足りないもの

釈尊　うーん、そうですねえ。「人間嫌《ぎら》いで、人付き合いが悪いけど、異性に対しては思いのほか積極的で、執着《しゅうちゃく》してる」というタイプですか。

うーん……。まあ、それはおそらく、本当に、傍目《はため》から見ていると、頭で考えてなくて下半身で動いている人間のように見えることでしょうね、おそらくね。そういうタイプに見えるでしょうね。うーん……、まあ、「衝動《しょうどう》的に動く」ということでしょうね、どちらかといえばね。衝動的な感じの動き方をなされるのではないかと。熟慮《じゅくりょ》しないで、衝動的に動いてしまうところがあるのではないかなと思いますけどね。

まあ、戒体の問題は、ちょっと難しいところがございますので、そう簡単にはいかないとは思いますけれども。

そうですねえ、うーん……。まあ、少なくとも、衝動的に、異性に対して、こう吸い寄せられていくように、蜜《みつ》に吸い寄せられる蜂《はち》みたいな感じでいくようなタイプの人というのは、やはり、「客観的に自分を見る目」が足りないことは足りないんだろうと思うんですね。

本当は、もうちょっといろんな人から、人生の基本動作というか、「こういうときには、こういうふうに考えるんだよ」「こういうふうに振《ふ》る舞《ま》うんだよ」というようなことを、もっと教わらないと、実は分からないことが多いのではないかなというふうに思いますね。

うーん……。まあ、ある程度、経験知もあることはあるんですが。痛い目に遭《あ》って、それに気づく方もいらっしゃるんだけれども、痛い目に遭っても分からないタイプの方もいることはいるので。できれば、「失敗したら失敗に学び、成功したら驕《おご》ることなく、成功のなかに次の課題を見いだすような人間」になってほしいなあと思うんですよね。

## 「自滅《じめつ》型の異性願望タイプ」の特徴《とくちょう》と対処法

釈尊　特に、異性間においては、「気持ちだけ晴らせたら、もうそれでいい」とかいうレベルの人間には、なるべく落ちたくはないものだなとは思うんですけれども。

まあ、どうしても、そういうときもあることはあると思うんです。若くて肉欲が盛《さか》んなときもあれば、人によってはですね、今やっている、例えば、勉強とか、あるいは仕事とかが、とても緊張《きんちょう》して、難しく考えて、足がガタガタ震《ふる》え、武者《むしゃ》震いするような、「ちょっと難しいんじゃないか」というような感じになって、方向転換《てんかん》をして異性のほうに向かっていく人が、たまにいることはいるので。

まあ、自滅《じめつ》型と言えば自滅型ではあるんだけど。その仕事や勉強で、試験を受けるとか、あるいは、仕事で大きなプロジェクトを乗り越《こ》えるかどうかとか、こういうものを本当は成し遂《と》げなければいけないんだけど、「その緊張に耐《た》えられない、責任に耐えられない」というようなところがあって、急に反転して、右、左へ反転して、異性のほうに飛び込《こ》んでいくような人がいて。

まあ、「ストレスを吸い取ってほしい、慰《なぐさ》めてほしい」というような気持ちで行く場合もあれば、あるいは、「その仕事や勉強で成功しない言い訳」をあらかじめ準備したくて、異性のほうにアタックをかけていくような人もいるんですね。だから、「恋愛で失敗したために、これは駄目《だめ》だった」みたいな感じに持っていきたい。

そういう、自分のなかで、「破滅するときの美学」というか、言い訳をこしらえるタイプの人がいるんですよ、自信がないと。

やや誇大妄想型《こだいもうそう》で、大風呂敷《おおぶろしき》で、他人《ひと》によく見られたいと思っているけど、実際上、それをやり遂げる、やってのけるだけの能力も胆力《たんりょく》も経験もないために、その言い訳をこしらえる。そのこしらえる言い訳として、急にUターンして、異性のほうにアタックをかけたりする。まあ、相手が助けてくれることもあるかもしれないけれども、逆に邪魔《じゃま》されることだってあるでしょうからね。

ペシャンコに言われて、駄目になる場合もある。そういう人もいるだろうと思うんですね。

だから、そういう「自滅型の異性願望のタイプ」の方は、やはり、もうちょっとよく自分自身を知ったほうがいいし、女性のほうも、そういう男性がいるということは知っておいたほうがいいと思います。

もちろん、反対もあると思うんですよ。女性でも、「すごいプレッシャーがかかっているときに、恋愛のほうに逃《に》げていく」というタイプの方もいるだろうと思うんですよね。

先ほど言ったような、専門技術の高いような職業に就《つ》こうなんて思っているような人で、例えば、ピアノのコンクールで優勝すればプロになれるとかいうような、いろんなプレッシャーがかかってきたら、その前に、付き合っている男性のほうにワーッと寄っていって、練習に熱中できないような環境《かんきょう》を自分でつくり出していく人も、たぶん、いるのではないかと思うんですね。

お互《たが》いそういうふうな感じで、「正攻法《せいこうほう》でぶつかって勉強や仕事で失敗したらプライドがもたないために、言い訳をつくろうとして異常行動を起こす男女」というのは存在しますので。

そういうふうに自分がなっていないかどうか、あるいは、相手がなっていないかどうかは、よく見極《みきわ》めたほうがよくて。そういう異常行動を取っていると思ったら、それとなくそれを諭《さと》してあげて、「まずは、それが終わってから考えましょうね」というようなことで、やはり、心穏《こころおだ》やかに、やるべきことをやっていくようにしたほうがいいですね。

まあ、そんなときに、変に婚約《こんやく》したりとかですねえ、そんなふうなことをしたりすると、頭がそちらのほうに行って、駄目になってしまったりするようなことだってあります。

だから、逆に言えば、結婚の相手として選ぶ場合には、そういうプレッシャーに強いタイプを選んだほうが、得は得ですね。

「そういうプレッシャーの前になったら、それを乗り越えられないので、よそに逃げてくるようなタイプの人」と結婚すると、その後、いろいろな苦難・困難に当たるものに出合ったら、必ず、奥《おく》さんの責任にしたり、旦那《だんな》さんの責任にしたりして、言い訳に使われるようになりますので。

まあ、人間として、できたら、そういうふうにはなりたくはないものだなと、私も思うんです。いつも、百をやるのに、百二十、百三十の用意をして乗り越えられるぐらいの男性でありたいものですよね。自分の本業なんかのプレッシャーのために八《や》つ当たりするような人間には、できたらなりたくはないものですね。そういうふうに考える習慣は、持ちたいものだと思います。

## 「魔性《ましょう》の異性」から身を護《まも》るには

釈尊　戒体のことは、要するに、戒律を守って生きていくうちに、だんだんそういうふうな雰囲気《ふんいき》が周りに出てきて、何と言うか、誘惑《ゆうわく》のために寄ってくるような男性とかね、女性とかが、弾《はじ》かれるような感じのことを言うんですけど。まあ、坊《ぼう》さんとか尼《あま》さんとかいうと、それなりの雰囲気が漂《ただよ》っていてね、何か声をかけにくいというのは、あることはありますよね。

そういうことで、「無用な異性間のトラブルなんかに巻き込まれないようにする」という意味での生き方ですよね。

まあ、反対の生き方もありますよ。楊貴妃《ようきひ》・クレオパトラ型の女性というか、自分を目にした者、自分に触《ふ》れた者、自分にかかわった者は、次々、コロコロと落としていくという。まあ、ハエ取り紙でハエを取るように、自分に接触《せっしょく》した者は全部つかまえてしまうというタイプの女性も、魔性《ましょう》の女性ではありましょうね。魅力的《みりょく》なのかもしれないし、男心をつかむのがうまいというか、〝小道具〟で簡単につかんでしまうところがありますよね。

クレオパトラもシーザーに会うときにねえ、ご進物《しんもつ》のなか……、シーザーに届けるご進物だと思って開けてみたら、コロコロコロッと見事な絨毯《じゅうたん》を転がしてみると、なかから素裸《すはだか》のクレオパトラが出てきてとかいうような。「自分自身がシーザーに対する最高のプレゼント」というような、こんな演出をするような方もいらっしゃいますね。

そうとう度胸《どきょう》がないとできないことだとは思いますけれども（笑）、そんなようなタイプの女性につかまると、男性は大変でしょうね。あっちもこっちもトリモチだらけで、あるいは蜘蛛《くも》の巣が、もういっぱい、あっちもこっちも張ってある状況《じょうきょう》で、どこに動いてもくっついてくる感じでしょうね。

あちらもプロフェッショナルですねえ。だから、スパイダーマンの女版みたいなもので、蜘蛛の糸がいくらでも飛んでくる。こういう女性もいます。

場合によっては、男性でもいるかもしれません。芸能系にも向くような男性とか、イケメンで、今で言えば、ＩＴ系の若社長みたいな感じで、いい車に乗ってブンブン飛ばしているような感じの、三十代前半ぐらいの若社長みたいなのだったら、ちょっと、そういうふうに、サッと車で引っ掛《か》けて連れていくみたいなことはできるかもしれませんがね。

まあ、私にはあまり経験がないので、よく語ることはできません。

ただ、人は、「何かいちばん大事なもの」というのを胸に秘《ひ》めているときには、些細《ささい》なこととか、自分をごまかすようなもののほうには、あまり行かないものだということですね。

だから、表面的な外側のことにばかりこだわるタイプの人は、そういう小細《こざい》工《く》もできるのかもしれませんが、そうした、毛鉤《けばり》で人を引っ掛けようとしているようなタイプから身を護《まも》るためには、「自分は、尊いもののために尽《つ》くす人生を、毎日送っているんだ」ということを、一日一日、けじめをつけながらですね、朝に祈《いの》り、夕べに祈る気持ちを持って生きておれば、餌《えさ》も付いていない毛鉤に引っ掛かるようなことは、あまりないのではないかなというふうに思いますね。

そういう、「何が大事かということを知っている」ということが、自分を護るということになるのではないかと思います。

## 厚かましいタイプの人とは「距離《きょり》を取る」ことも大事

釈尊　世の中には、そういう意味で、さっき言いましたように、人たらしの名人、特に、異性を取り込む名人みたいな人もいることはいるので、それはタイプとして知っていて、「見抜《みぬ》く」ことが大事です。

まあ、友達の範囲《はんい》内で収めることが大事かもしれないけれども、それ以上は踏《ふ》み込ませないように「距離《きょり》を取る」という、その距離の微妙《びみょう》な取り方が難しいところだと思うんですね。

これは、異性と言わず同性でもあるんですけれども、「いったんドアを開けると、なかに入ってくる。玄関《げんかん》に入ってきただけではなくて、玄関の上に上がってくる。それで、応接間に入ってきたと思うと、奥まで入ってくる」という感じで、どんどん土足で上がってくるタイプの人は、世の中にいることはいるので。人がドアを開けると、なかへなかへ、どんどん上がり込んでくる人は、いることはいるので。まあ、厚かましいタイプの人ですね。

そういうタイプの人間だと思ったら、ドアの開け閉めについて、もうちょっと距離を取って、「あっ、これ以上親しくなりすぎると危ないかな」と思ったら、多少の距離を取ることも大事かなと思います。

このへんも「人生の智慧《ちえ》」の一つですよね。まあ、そういうことも考えてください。
　そうした距離の取り方や付き合い方等も含《ふく》めて、やはり、「人間としての賢《かしこ》さ」の問題かなというふうに思います。

司会　さまざまに教えを賜《たまわ》りまして、まことにありがとうございました。

釈尊　はい。じゃあ（手を一回叩《たた》く）、今日はどうもありがとうございました（手を一回叩く）。

大川隆法　はい。では、これで千回目ということで、終わりにしたいと思います。

# あとがき

川の流れは、上流では澄《す》んでいるが、中流、下流に向かうにつれ、工業排水や生活排水が流れ込み、よどんでくる。

社会人としての良識をわきまえつつも、幼子《おさなご》のように清らかで純粋な心を持ち続けることは難しい。「愛」の中に、ありふれた「情欲《じょうよく》」ではなく、「永遠性」や「普遍性《ふへんせい》」を見出し続けられる人は少ない。

現代の日本では、男女の性愛については、週刊誌が「最高裁」の代わりになっている。道徳も学問も、もはやすたれて久しいのだろう。

私自身は、ＬＧＢＴＱに流れていく左翼《さよく》リベラルに未来を見つけることはできない。保守的であるが、神の創造された男女の関係に、少しでも美しい未来が咲くことを望んでいる。また独身で生涯を聖なる人生として歩む人にも少なからずエールを送っている。いずれこの世は去らねばならない。あの世に持って還《かえ》れるのは「心」のみである。

二〇二〇年　二月四日

幸福《こうふく》の科学《かがく》グループ創始者兼総裁《そうししゃけんそうさい》　大川隆法《おおかわりゅうほう》

『釈尊の霊言』関連書籍

『釈尊の出家』（大川隆法 著　幸福の科学出版刊）
『釈迦の本心』（同右）
『大川隆法の守護霊霊言』（同右）

※左記は書店では取り扱っておりません。最寄りの精舎・支部・拠点までお問い合わせください。

『善無畏三蔵の霊言／津田梅子の霊言――色欲と精進力』
（大川隆法 著　宗教法人幸福の科学刊　＊三帰誓願者限定）

釈尊《しゃくそん》の霊言《れいげん》 ―「情欲」と悟りへの修行―

2020年 2 月14日　初版第 1 刷

著　者　　大《おお》 川《かわ》 隆《りゅう》 法《ほう》

発行所　　幸福の科学出版株式会社

〒107-0052 東京都港区赤坂 2 丁目 10 番 8 号
TEL(03)5573-7700
https://www.irhpress.co.jp/

印刷・製本　株式会社 研文社

落丁・乱丁本はおとりかえいたします

ISBN978-4-8233-0148-3 C0014
カバー asharkyu /shutterstock.com ／カバー，帯 voyata /shutterstock.com
装丁・写真（上記・パブリックドメインを除く）© 幸福の科学

## 大川隆法ベストセラーズ・宗教修行の指針

# 生霊論

**運命向上の智慧と秘術**

人生に、直接的・間接的に影響を与える生霊──。「さまざまな生霊現象」「影響を受けない対策」「自分がならないための心構え」が分かる必読の一書。

1,600円

---

# 真のエクソシスト

身体が重い、抑うつ、悪夢、金縛り、幻聴──。それは悪霊による「憑依」かもしれない。フィクションを超えた最先端のエクソシスト論、ついに公開。

1,600円

---

# 宗教者の条件

**「真実」と「誠」を求めつづける生き方**

宗教者にとっての成功とは何か──。「心の清らかさ」や「学徳」、「慢心から身を護る術」など、形骸化した宗教界に生命を与える、宗教者必見の一冊。

1,600円

---

# 悪魔からの防衛術

**「リアル・エクソシズム」入門**

現代の「心理学」や「法律学」の奥にある、霊的な「正義」と「悪」の諸相が明らかに。"目に見えない脅威"から、あなたの人生を護る降魔入門。

1,600円

## 大川隆法ベストセラーズ・恋愛・結婚を考える

### 凡事徹底と<br>独身生活・結婚生活

**仕事力を高める「ライフスタイル」の選択**

大反響の「凡事徹底」シリーズ。お金、時間、人間関係──。独身でも結婚でも、どちらの生き方でも成功するための知的ライフスタイルとは。

1,500円

### パパの男学入門

**責任感が男をつくる**

「成功する男」と「失敗する男」の差とは何か？ 著名人たちの失敗例などを教訓にして、厳しい実社会を生き抜くための「男の発展段階」を示す。

1,500円

### 恋愛学・恋愛失敗学入門

恋愛と勉強は両立できる？ なぜダメンズと別れられないのか？ 理想の相手をつかまえるには？ 幸せな恋愛・結婚をするためのヒントがここに。

1,500円

### 女性らしさの成功社会学

**女性らしさを「武器」にすることは可能か**

男性社会で勝ちあがるだけが、女性の幸せではない──。女性の「賢さ」とは？「あげまんの条件」とは？ あなたを幸運の女神に変える一冊。

1,500円

※表示価格は本体価格（税別）です。

# 大川隆法シリーズ・最新刊

## アメリカとイラン 和解への道

一部 英日対訳

### ソレイマニ司令官、トランプ大統領・ロウハニ大統領守護霊の霊言

アメリカとイランの相互理解は可能か？ 両国の指導者の主張から、「対立の本質」と「和平への鍵」を読み解く。ソレイマニ司令官の衝撃の過去世も明らかに。

1,400円

---

## ザ・ポゼッション

英語説法 英日対訳

### 憑依の真相

悪霊が与える影響や、憑依からの脱出法、自分が幽霊になって迷わないために知っておくべきことなど、人生をもっと光に近づけるためのヒントがここに。

1,500円

---

## 新しき繁栄の時代へ

### 地球にゴールデン・エイジを実現せよ

アメリカとイランの対立、中国と香港・台湾の激突、地球温暖化問題、国家社会主義化する日本――。混沌化する国際情勢のなかで、世界のあるべき姿を示す。

1,500円

---

## アメリカには見えない イランの本心

### ハメネイ師守護霊・ソレイマニ司令官の霊言

イランは独裁国家ではない――。司令官の「死後の心情」や最高指導者の「覚悟」、トランプ大統領の真の狙いなど、緊迫する中東情勢の深層が明らかに。

1,400円

※表示価格は本体価格（税別）です。

OFFICIAL SELECTION
17 ANGEL FILM AWARDS
2020
MONACO INTERNATIONAL
FILM FESTIVAL
モナコ国際映画祭
公式選出作品
心の闇を、打ち破る。
心霊喫茶
「エクストラ」の秘密
—THE REAL EXORCIST—
製作総指揮・原作／大川隆法
千眼美子
伊良子未來 希島凛 日向丈 長谷川奈央 大浦龍宇一 芦川よしみ 折井あゆみ
監督／小田正鏡 脚本／大川咲也加 音楽／水澤有一 製作／幸福の科学出版 製作協力／ARI Production ニュースター・プロダクション
制作プロダクション／ジャンゴフィルム 配給／日活 配給協力／東京テアトル ©2020 IRH Press cafe-extra.jp
2020年5月15日(金) ロードショー

1991年7月15日、東京ドーム。
人類史を変える「歴史的瞬間」が誕生した。
――これは、映画を超えた真実。
夜明けを信じて。
2020年秋 ROADSHOW
製作総指揮・原作 大川隆法
田中宏明 千眼美子 長谷川奈央 芦川よしみ 石橋保
監督／赤羽博 音楽／水澤有一 脚本／大川咲也加 製作／幸福の科学出版 製作協力／ARI Production ニュースター・プロダクション
制作プロダクション／ジャンゴフィルム 配給／日活 配給協力／東京テアトル ©2020 IRH Press

# 幸福の科学グループのご案内

**宗教、教育、政治、出版などの活動を通じて、地球的ユートピアの実現を目指しています。**

## 幸福の科学

一九八六年に立宗。信仰の対象は、地球系霊団の最高大霊、主エル・カンターレ。世界百カ国以上の国々に信者を持ち、全人類救済という尊い使命のもと、信者は、「愛」と「悟り」と「ユートピア建設」の教えの実践、伝道に励んでいます。

（二〇二〇年二月現在）

### 愛

幸福の科学の「愛」とは、与える愛です。これは、仏教の慈悲《じひ》や布施《ふせ》の精神と同じことです。信者は、仏法真理をお伝えすることを通して、多くの方に幸福な人生を送っていただくための活動に励んでいます。

### 悟り

「悟り」とは、自らが仏の子であることを知るということです。教学《きょうがく》や精神統一によって心を磨き、智慧《ちえ》を得て悩みを解決すると共に、天使・菩薩《ぼさつ》の境地を目指し、より多くの人を救える力を身につけていきます。

### ユートピア建設

私たち人間は、地上に理想世界を建設するという尊い使命を持って生まれてきています。社会の悪を押しとどめ、善を推し進めるために、信者はさまざまな活動に積極的に参加しています。

### 海外支援・災害支援

国内外の世界で貧困や災害、心の病で苦しんでいる人々に対しては、現地メンバーや支援団体と連携して、物心両面にわたり、あらゆる手段で手を差し伸べています。

### 自殺を減らそうキャンペーン

年間約２万人の自殺者を減らすため、全国各地で街頭キャンペーンを展開しています。

公式サイト **www.withyou-hs.net**

### ヘレンの会

ヘレン・ケラーを理想として活動する、ハンディキャップを持つ方とボランティアの会です。視聴覚障害者、肢体不自由な方々に仏法真理を学んでいただくための、さまざまなサポートをしています。

公式サイト **www.helen-hs.net**

## 入会のご案内

幸福の科学では、大川隆法総裁が説く仏法真理《ぶっぽうしんり》をもとに、「どうすれば幸福になれるのか、また、他の人を幸福にできるのか」を学び、実践しています。

### 入会　仏法真理を学んでみたい方へ

大川隆法総裁の教えを信じ、学ぼうとする方なら、どなたでも入会できます。入会された方には、『入会版「正心法語《しょうしんほうご》」』が授与されます。

ネット入会　入会ご希望の方はネットからも入会できます。
**happy-science.jp/joinus**

### 三帰《さんき》誓願《せいがん》　信仰をさらに深めたい方へ

仏弟子としてさらに信仰を深めたい方は、仏《ぶっ》・法《ぽう》・僧《そう》の三宝《さんぽう》への帰依を誓う「三帰誓願式」を受けることができます。三帰誓願者には、『仏説・正心法語』『祈願文《きがんもん》①』『祈願文②』『エル・カンターレへの祈り』が授与されます。

幸福の科学 サービスセンター
TEL 03-5793-1727
（受付時間／火～金：10～20時　土・日祝：10～18時（月曜を除く））

幸福の科学 公式サイト
happy-science.jp

# 仏法真理塾「サクセスNo.1」

全国に本校・拠点・支部校を展開する、幸福の科学による信仰教育の機関です。小学生・中学生・高校生を対象に、信仰教育・徳育にウエイトを置きつつ、将来、社会人として活躍するための学力養成にも力を注いでいます。

TEL 03-5750-0751（東京本校）

**エンゼルプランV** TEL 03-5750-0757

幼少時からの心の教育を大切にして、信仰をベースにした幼児教育を行っています。

**不登校児支援スクール「ネバー・マインド」** TEL 03-5750-1741

心の面からのアプローチを重視して、不登校の子供たちを支援しています。

**ユー・アー・エンゼル！（あなたは天使！）運動**

一般社団法人 ユー・アー・エンゼル TEL 03-6426-7797

障害児の不安や悩みに取り組み、ご両親を励まし、勇気づける、
障害児支援のボランティア運動を展開しています。

**NPO活動支援**

学校からのいじめ追放を目指し、さまざまな社会提言をしています。また、各地でのシンポジウムや学校への啓発ポスター掲示等に取り組む一般財団法人「いじめから子供を守ろうネットワーク」を支援しています。

公式サイト mamoro.org ブログ blog.mamoro.org

相談窓口 TEL.03-5544-8989

# 百歳まで生きる会

「百歳まで生きる会」は、生涯現役人生を掲げ、友達づくり、生きがいづくりをめざしている幸福の科学のシニア信者の集まりです。

# シニア・プラン21

生涯反省で人生を再生・新生し、希望に満ちた生涯現役人生を生きる仏法真理道場です。定期的に開催される研修には、年齢を問わず、多くの方が参加しています。全世界212カ所（国内197カ所、海外15カ所）で開校中。

【東京校】TEL 03-6384-0778 FAX 03-6384-0779
メール senior-plan@kofuku-no-kagaku.or.jp

# 幸福実現党

内《ない》憂《ゆう》外《がい》患《かん》の国難に立ち向かうべく、2009年5月に幸福実現党を立党しました。創立者である大川隆法党総裁の精神的指導のもと、宗教だけでは解決できない問題に取り組み、幸福を具体化するための力になっています。

幸福実現党 釈量子サイト **shaku-ryoko.net**
Twitter **釈量子@shakuryokoで検索**

党の機関紙
「幸福実現NEWS」

## 幸福実現党 党員募集中

あなたも幸福を実現する政治に参画しませんか。

○幸福実現党の理念と綱領、政策に賛同する18歳以上の方なら、どなたでも参加いただけます。
○党費:正党員（年額5千円［学生 年額2千円］)、特別党員（年額10万円以上)、家族党員（年額2千円）
○党員資格は党費を入金された日から1年間です。
○正党員、特別党員の皆様には機関紙「幸福実現NEWS(党員版)」(不定期発行）が送付されます。

＊申込書は、下記、幸福実現党公式サイトでダウンロードできます。
住所:〒107-0052　東京都港区赤坂2-10-8 6階 幸福実現党本部
TEL **03-6441-0754**　FAX **03-6441-0764**
公式サイト **hr-party.jp**

出版 メディア 芸能文化 幸福の科学グループ

## 幸福の科学出版

大川隆法総裁の仏法真理の書を中心に、ビジネス、自己啓発、小説など、さまざまなジャンルの書籍・雑誌を出版しています。他にも、映画事業、文学・学術発展のための振興事業、テレビ・ラジオ番組の提供など、幸福の科学文化を広げる事業を行っています。

アー・ユー・ハッピー？
**are-you-happy.com**

ザ・リバティ
**the-liberty.com**

幸福の科学出版
TEL **03-5573-7700**
公式サイト **irhpress.co.jp**

THE FACT
**ザ・ファクト**
マスコミが報道しない
「事実」を世界に伝える
ネット・オピニオン番組

ザ・ファクト 検索

NEW STAR PRODUCTION

## ニュースター・プロダクション

「新時代の美」を創造する芸能プロダクションです。多くの方々に良き感化を与えられるような魅力あふれるタレントを世に送り出すべく、日々、活動しています。 公式サイト **newstarpro.co.jp**

ARI Production

## ARI《アリ》 Production《プロダクション》

タレント一人ひとりの個性や魅力を引き出し、「新時代を創造するエンターテインメント」をコンセプトに、世の中に精神的価値のある作品を提供していく芸能プロダクションです。 公式サイト **aripro.co.jp**

## 大川隆法　講演会のご案内

大川隆法総裁の講演会が全国各地で開催されています。講演のなかでは、毎回、「世界教師」としての立場から、幸福な人生を生きるための心の教えをはじめ、世界各地で起きている宗教対立、紛争、国際政治や経済といった時事問題に対する指針など、日本と世界がさらなる繁栄の未来を実現するための道筋が示されています。

講演会には、どなたでもご参加いただけます。
最新の講演会の開催情報はこちらへ。⟹ 大川隆法総裁公式サイト
https://ryuho-okawa.org